Viele Stimmen: Gedichte

E. Nesbit

Writat

Diese Ausgabe erschien im Jahr 2024

ISBN: 9789359940144

Herausgegeben von
Writat
E-Mail: info@writat.com

Inhalt

DIE RÜCKKEHR

DAS Gras war grau vom mondbeschienenen Tau,
die Steine waren weiß, als ich hindurchkam; ich ging den Weg entlang
der dreizehn Eiben entlang, durch die Schattenblöcke, die das
Mondlicht hauen. Und als ich zum hohen Laubentor kam, wartete ich
eine Weile wo die Leichen warten; dann kam ich die Straße hinunter,
wo das Mondlicht lagwie der gefallene Geist des Tageslichts.

Die Fledermäuse kreischten hoch in ihrem Zickzackflug,
die ausgebreiteten Flügel der Eulen waren ruhig und weiß, der Wind
und die Pappeln seufzten seufzend, und überall raschelten scheue
kleine Lebewesen, die die Nacht lieben – kleine wilde Kreaturen,
schüchtern und frei. Ich habe bestanden und sie hatten keine Angst vor
mir.

Es ging über die Wiese und die Gasse hinunter
. Der Weg, um wieder zu meinem Haus zu kommen: Durch den Wald,
wo die Liebenden reden, und die Geister, sagen sie, Erlaubnis zum
Gehen bekommen. Ich trug die Kleidung, die wir alle tragen müssen,
und nein Einer sah mich dort gehen, Niemand sah meine blassen Füße
an meinem Gartenweg vorbei zu meinem Gartengras gehen.
Mein Garten war mit dem Schleier des Frühlings behangen –
blühende Pflaumen- und Birnbäume; er lag im kalten Lichtschein des
Mondes, in Girlanden und Stille, wundersam und weiß, wie eine tote
Braut, geschmückt für ihre Beerdigung.

Dann sah ich das Gesicht meines Hauses,
fest in den Armen der blühenden Zweige gehalten: Ich lehnte mein
Gesicht hell ans Fenster, um zu fühlen, ob das Herz meines Hauses
richtig schlug. Der Feuerschein hüllte es in flüchtiges Gold; es war
warm wie das Haus der Toten ist kalt. Ich sah die Sedimente, die hohen
Kerzen, die schwarzgesichtigen Pressen an der Wand, poliertes
Buchenholz und glänzendes Messing, den Glanz von Porzellan , das
Glitzern von Glas,
all die kleinen Dinge, die für mich ein Zuhause waren –
Alles wie früher.

Dann sagte ich: „Das Feuer des Lebens brennt immer noch,
und ich bin dorthin zurückgekehrt, wo niemand zurückkommt: Ich
werde meine Hände wärmen, wo das Feuer angezündet ist, ich werde
mein Herz darin erwärmen!" Also rief ich laut zu dem einen drinnen:
„Öffne, öffne und lass mich rein! Lass mich rein ins Feuer und ins
Licht – Es ist sehr kalt hier draußen in der Nacht!" Es gab nie eine

Bewegung oder einen antwortenden Atemzug – nur eine Stille so tief wie der Tod .

Dann habe ich ans Fenster geschlagen, gerufen und geweint. Niemand hörte mich und niemand antwortete. Die goldene Stille lag warm und tief, und ich weinte, wie die Toten, Vergessenen, weinten; und da war niemand, der hörte oder sah – der mich tröstete, der Mitleid mit mir hatte.

Aber tief in der Stille regte sich etwas –
etwas, das weder gesehen noch gehört hatte – und zwei näherten sich der Fensterscheibe, küssten sich im Mondlicht und küssten sich noch einmal und schauten durch mein Gesicht auf das Mondtuch, das sich über den Girlanden ausgebreitet hatte Gartenbeet; Und – „ Wie gespenstisch das Mondlicht ist!" Sie sagte.

Zurück durch den Garten, den Wald, die Gasse
kam ich wieder an meinen eigenen Ort. Ich trug die Kleidung, die wir alle tragen müssen, und niemand sah mich dort gehen. Niemand hörte meine dünnen Füße durch das Weiß der Steine und des Grau des Grases, Entlang des Weges, wo das Mondlicht Schattenplatten für dreizehn Eiben schlägt.

In der Mulde, in der treibende Träume tief liegen,
ist es gut zu schlafen: es war gut zu schlafen: Aber mein Bett ist vom Tropfen des Taus kalt geworden, und ich kann nicht mehr schlafen wie früher.

FÜR DOLLY
, DIE IHRE LEKTIONEN NICHT LERNT

DU siehst die Feen im Brunnen tanzen,
lachen, springen und im Gischt funkeln; du siehst die Zwerge, die unter
dem Berg arbeiten, jeden Tag Gold, Silber und Diamanten herstellen;
du siehst die Engel, die die Mondstrahlen herabgleiten und Weiß
bringen Träume wie Garben schöner Lilien; Du siehst die Kobolde,
kaum sichtbar gegen die Mondstrahlen, Die aus der blauen und
flüssigen Luft des Freudenfeuers aufsteigen.

Der ganze Zauber, die ganze Magie, die
in Bäumen und Blüten verborgen ist, ist für dich klar und wahr.
Tautropfen in Lupinenblättern sind Juwelen für die Feen; Jede Blume,
die weht, ist ein Wunder für dich. Luft, Erde, Wasser, Feuer verbreiten
ihre herrlichen Güter für dich. Millionen von Magien beschwören Ihr
kleines Aussehen. Jede Seele, die Ihre geflügelte Seele trifft, liebt Sie
und kümmert sich um Sie. Ah! Warum müssen wir diese Flügel stutzen
und diese Augen mit Büchern trüben?

Bald, schon bald werden die magischen Lichter schwächer,
Sumpfnebel steigen auf, um den strahlenden Himmel zu trüben, Staub
harter Straßen wird den Sternenschimmer verschleiern, müde Hände
werden die gefaltete Magie hinter sich lassen. Sturmwinde werden
durch diese verzauberten Räume wehen, Feen werden zermalmt wo
Unkraut und Dornbusch stark wachsen. . .Überlasse ihr ihre Krone aus
magischen Sternen und Rosen,
überlasse ihr ihr Königreich – sie wird es nicht lange behalten!

FRAGEN

WAS machen die Rosen, Mutter,
jetzt, wo der Sommer vorbei ist? Sie liegen im Bett, das mit Rot
behängt ist, und träumen von der Sonne.

Was machen die Lilien, Mutter,
jetzt, wo es keinen Juni mehr gibt? Jede legt sich in ihr weißes
Nachthemd und träumt vom Mond.

Wovon kann ich träumen, Mutter,
wenn Mond und Sonne weg sind? Von einer ungeborenen Rose, von
einem unerprobten Dorn und einer Lilie, die einen Tag lebt!

DIE GÄNSEBLÜMCHEN

IN dem großen grünen Park mit den Holzzäunen –
die Holzzäune, die so schwer zu erklimmen sind, gibt es Farne und
Fingerhut, Primeln und Veilchen, und es wächst ständig Grün; und
draußen im Freien wachsen die Gänseblümchen, hübsch und stolz in
ihren richtige Orte, Millionen von Gänseblümchengesichtern mit
weißen Rüschen, Millionen und Abermillionen – nicht einer oder zwei.
Und sie rufen den Glockenblumen unten im Wald zu: „Bist du
draußen – bist du drin?" Wir waren den ganzen Schulwinter über so
gut, aber jetzt ist Spielzeit, die schwule Zeit, die Maizeit; wir sind
draußen und spielen. Wo bist du?"

Im kiesigen Garten hinter dem Geländer,
dessen stacheliges Geländer ganz grün gestrichen ist, gibt es hübsche
kleine Beete mit Geranien und Fuchsien, ohne ein glückliches Unkraut
dazwischen. Es gibt ein hübsches kleines Grasgrundstück, stellenweise
kahl und sehr staubig zum Anfassen; ein respektabler Mann kommt
einmal in der Woche, um den Garten zu jäten und zu fegen, um ihn so
zu halten, wie wir ihn nicht behalten wollen. Er schneidet das Gras mit
seiner Mähmaschine, und wir denken, er schneidet es zu oft. Aber
selbst auf dem Rasen ist alles trocken und düster, Die Gänseblümchen
spielen herum. Sie sind so mutig und so hübsch, dass man sie nicht
draußen halten kann.
Ich liebe sie, ich möchte sie wachsen lassen,
aber dieser respektable Mann sagt nein. Er schneidet ihnen mit seiner
Mähmaschine die Köpfe ab, wie die Guillotine der französischen
Revolution. Er fegt die armen kleinen hübschen Gesichter zusammen,
die lieben kleinen Gänseblümchengesichter mit den weißen Rüschen
;Sagt, die Dinge müssen an ihrem richtigen Platz aufbewahrt werden.
Er hat keine Rüsche um sein hässliches Gesicht – ich wünschte, ich
könnte seinen richtigen Platz finden!

DER PRÜFSTEIN

ES gab einen Garten, sehr seltsam und schön,
mit all den Rosen, die der Sommer nie bringt. Die schneebedeckten
Blüten unsterblicher Quellen erleuchteten ihre Zweige, und ich, sogar
ich, war da. Es gab neue Himmel und die Erde war neu, und trotzdem
sagte ich meinem Herzen, dass der Traum wahr sei.

Aber als die Sonne stillstand und die Zeit erlosch
wie eine ausgeblasene Kerze – als sie unter dem Brautschleier des
blühenden Baumes zu mir kam, wehte die Kälte durch den Garten, und
als sie mit sternenklaren Augen und Lippen wehte zu nah, Sie beugte
sich zu mir, mein Herz wusste, was ich fürchten musste.

„Es ist kein Traum", sagte sie. „Welcher Traum blieb
so lange bestehen? Es ist die gesegnete Insel, die zwischen den
Gezeiten zweier Ewigkeiten liegt. Es ist unsere Insel; fürchte dich
nicht!" Dann, dann wurde mein Herz endlich getäuscht; Ich verbarg
meine Augen; Ich zitterte und glaubte.

Ihre wahre Gegenwart heiligte meinen Glauben,
ihre Stimme betörte meine ruhelosen Ängste, und es war das Leben,
das mich umarmte, als sie lächelte, aber als sie sagte: „Ich liebe dich!"
es war der Tod. Das konnte zumindest weder sein noch scheinen –
Oh, dann wusste ich tatsächlich, dass es ein Traum war!

DIE DEZEMBERROSE

HIER IST eine Rose, die für Chloe weht.
Schön wie immer eine Rose im Juni. Jetzt ist der Garten still und
verschneit, wo der brennende Sommermittag war.

In der Sommerpracht deines Gartens,
eine arme Ecke, regalig und schattig, erzählte keine rosige, strahlende
Geschichte, wuchs keine Rose, um ihre Dame zu schmücken.

Was die Sonne ausschließt, schließt auch den Schnee aus;
Aus seiner Ecke zeigt dein heimlicher Liebhaber, wozu verachtete
Rosen heranwachsen, wenn die Rose, die du gewählt hast, vorbei ist.

DAS FEUER

Ich PFLÜCKTE Himbeeren, mein Kopf steckte in den Stöcken,
und er kam hinterher und küsste mich, und ich gab ihm eine Ohrfeige
für seine Schmerzen. Er sagt: „Lass es ruhig angehen! Das ist nicht der
richtige Weg!
Ich liebe dich heiß wie Feuer, mein Mädchen, und du weißt, dass du es
auch weißt. Willst du nicht den Tag nennen?" Aber ich sagte: „Das
werde ich nicht." Und ich stieß ihn weg, raus zwischen den Himbeeren
an einem Sommertag. Und ich sage: „Du fragst im Winter, ob es in
deiner Liebe so heiß ist, denn jetzt ist Sommer und sonnig, und ich
habe alle Hände voll zu tun", sage ich,
„nach und nach mit dem Jahrmarkt und dem Dorf." Tanz und alles;
Und die Truthahnküken sind klein, Und auch die Enten und Küken,
Und das Heu ist noch nicht in vollen Zügen, Und die Blumenschau
wird gleich sein, und die Hopfenernte steht vor der Tür,
Und die Früchte und die Ernte sind daheim, Und mein neues weißes
Kleid muss noch gemacht werden, und die Marmelade muss noch
gemacht werden. Kannst du ein Mädchen nicht in Ruhe lassen? Deine
Liebe ist zu heiß für mich! Kannst du ein Mädchen nicht in Ruhe
lassen, bis die Abende hereinbrechen, bis die Blätter verschwinden
Wird es dünner,
bis die Feuer früh angezündet und die Vorhänge zum Tee
zugezogen werden ? Das ist die Zeit, mir den Hof zu machen, wenn Sie
mir den Hof machen!"

. . . . .

Und er nahm es so, wie ich es sagte, und nicht so, wie es gemeint war.
Und er ging.

. . . . .

Das Heu wurde gestapelt, die Früchte wurden gepflückt, der Hopfen
war trocken und braun,
und alles wurde geerntet, und das Jahr wurde auf den Kopf gestellt,
und der Winter kam, und die Feuer wurden früh angezündet, und er
kam nie zu nahe wieder, und mein ganzes Leben war krank.
Und mir war allein kalt und ich hatte nichts anderes zu tun, als
mit meinen Händen in meinem schwarzen Schoß zu sitzen und die Uhr
ticken zu hören. Denn Vater lag tot da, mit den Kerzen an seinem
Kopf,
und sein Sarg war so schwarz, dass ich ihn durch ihn hindurch sehen
konnte Wand;

Und ich hatte sie alle weggeschickt, obwohl sie angeboten hatten, zu
bleiben. Ich wollte alleine kalt sein und lernen, alles zu ertragen. Dann
hörte ich ihn. Ich hätte es an seinen ebenso deutlichen Schritten
erkannt, wenn er sein Regiment mit sich die rauhe, gefrorene Gasse
hinaufgebracht hätte. Und ich hatte die Vorhänge nicht zugezogen ,
und ich sehe ihn durch die Scheibe;
Und ich sprang in meinen schwarzen Klamotten auf und öffnete die
Tür weit. Ich sagte: „Komm rein, denn draußen ist es kalt für dich,
und auch hier ist es kalt;
Und ich habe keinen Stolz mehr – dafür ist es zu kalt", rief ich.

. . . . .

Dann sah ich in seinem Gesicht
die Angst vor dem Tod und das Verlangen. Und oh, ich nahm ihn und
küsste ihn wieder und wieder, und ich drückte ihn fest und alles, im
Winter, in der Dämmerung, an dem ruhigen Hausort, mit Der Sarg lag
schwarz und voll auf der anderen Seite der Wand. Und „ *Du* erwärmst
mein Herz", sagte ich zu ihm, „wenn es Feuer in den Menschen gibt!"
Und er legte seine beiden Arme um mich, und da spürte ich das Feuer.
Und mir wurde am Feuer warm ums Herz.

LIED

JETZT erwacht der Frühling.
Noch sehr schüchtern. Beschäftigt mit dem Flicken, der Herstellung
von Gras und Veilchen. Der winterliche Winter ist vorbei: Sehen Sie
die aufkeimende Gasse! Gehen Sie und treffen Sie Ihren Geliebten:
Der Frühling ist wieder da!

Jeder Tag ist länger
als der Tag zuvor; Lämmer sind weißer, stärker, Vögel singen immer
mehr; Wälder sind nicht mehr als schattig, Trauer ist mehr als
vergeblich – Geh und küsse deine Frau: Der Frühling ist wieder da!

Ein Abschied

ALSO tschüß!
Hier beenden wir es, Sie und ich. Das Leben heißt leben, wissen Sie,
und der Tod heißt sterben;
Also tschüß!

Ich war dein
Für die Liebe im Leben, die liebt, solange das Leben andauert, Für den
Erdenweg, den der Himmelsflug sicherstellt, Ich war dein.

Du gehörtest mir
für den Moment, den eine Girlande braucht, um sich zu winden, für
die menschliche Stunde, in der die Zauberei göttlich erscheint. Du
warst mein.

Alles ist vorbei.
Du und ich sind nicht mehr Liebe und Liebhaber; Jetzt
gibt es nichts zu suchen, zu gewinnen, zu erreichen, zu entdecken.
Alles ist vorbei.

DAS GESCHENK DES LEBENS

DAS LEBEN ist eine Nacht ganz dunkel und wild,
und dennoch leuchten Sterne: Dieser Moment ist ein Stern, mein Kind
– Dein Stern und meiner.

Das Leben ist eine trockene und trostlose Wüste,
    Unbetaut , ungesegnet ;
Diese Stunde ist eine Oase, Liebes; Hier lasst uns ruhen.

Das Leben ist ein Meer windiger Gischt,
kalt, wild und frei: Eine verzauberte Insel ist heute für dich und mich.

Vergiss die Nacht, das Meer und die Wüste: Nimm
das höchste Geschenk an und erschaffe aus der kurzen Nachgiebigkeit
des Lebens einen unsterblichen Traum.

INKOMPATIBILITÄTEN

WENN DU mich liebst, könnte ich dir bis an die Grenzen deiner
Fantasie vertrauen
, während die Sonne schien und der Wind wehte und die Welt sich drehte, bis zu den äußersten Maschen des stärksten Netzes des Teufels. . .Wenn du mich geliebt hast, wenn du mich geliebt hast – aber du liebst mich noch nicht!

Ich liebe dich – und ich kann dir nicht weiter vertrauen als bis zur Tür! Aber Winde und Welten und Jahreszeiten ändern sich, und du wirst mich mehr und mehr lieben – bis ich dir vertraue, meine Liebe, so wie Frauen Männern vertrauen – ich werde dir vertrauen, ich werde dir vertrauen, aber dann werde ich dich nicht lieben!

DER GESTOHLENE GOTT
LAZARUS ZUM TAUCHEN

WIR schreien nicht nach Rache,
wir jammern nicht aus Angst; wir haben in der äußersten Dunkelheit
geweint, wo kein Mensch zu hören war. Wir schrieen zum Menschen
und er hörte nicht; Doch wir dachten, Gott hätte uns beten gehört;
aber unser Gott, der liebte und dem es leid tat – Unser Gott wurde
weggenommen.

Uns gehörten der Bach und die Weide, der
Wald und das Moor gehörten uns; uns gehörten die wilden
Waldgeschöpfe, die wilden süßen Beeren und Blumen. Du hast uns
unsere Erbstücke genommen, und kaum ließest du uns genug von
unserem Wald als Wiege retten. Genug von unserer Erde für ein Grab.

Du hast den Wald und das Kornland eingenommen,
wo wir noch bestellten und fällten; Du hast die Mine und den
Steinbruch eingenommen, und alles, was du eingenommen hast, hast
du gehalten. Die Glieder unserer entwöhnten Kinder hast du in deinen
Mühlen der Macht zermalmt; und du hast unsere tragenden Frauen
schuften lassen Bis zur genauen Stunde.

Du hast unsere reinen, schnellen Sehnsüchte genommen,
Unsere Freude an Liebhaber und Frau, Unsere Hoffnung auf den
ruhigen Sonnenuntergang am Abend des Lebens; Du hast das Land
genommen, das uns geboren hat, seinen Boden, seine Steine und
seinen Rasen; Du hast unseren Glauben genommen einander – Und
nun habt ihr unseren Gott genommen.

Als unser Gott vom Himmel herabkam,
kam er unter die Menschen, ein Mann, der aß, trank und arbeitete, wie
es die einfachen Leute können; und die einfachen Leute empfingen ihn,
während die reichen Männer sich abwandten.
Aber was haben wir mit einem Gott zu tun, zu dem die reichen
Männer beten?

Er hängt, ein toter Gott, auf euren Altären,
der als Mensch unter Menschen lebte. Ihr habt unseren Herrn
weggenommen und wir können ihn nicht wiederfinden. Ihr habt uns
nicht einmal eine Handvoll der Erde gelassen, die er betreten hat. . .Du
hast ihn zum Idol eines reichen Mannes gemacht, der als Gott eines
armen Mannes kam.

Er versprach den Armen seinen Himmel,
er liebte die Armen und lebte mit ihnen; er sagte, dass der Schatten des

reichen Mannes niemals seine Tür verdunkeln sollte: Aber Bischöfe
und Priester liegen sanft, trinken satt und werden satt im Namen des
Herrn, der es nicht getan hat Wo soll Sein Haupt hingelegt werden?

Dies ist der Gott, den du gestohlen hast,
wie du alles andere gestohlen hast – in seinem Namen. Du hast die
Bequemlichkeit und die Ehre genommen ,
uns die Mühe und die Schande überlassen. Du hast den Sitz von Dives
gewählt. Wir liegen dort, wo Lazarus lag; aber , bei Gott, wir werden
dir unseren Gott nicht überlassen, du sollst ihn nicht wegnehmen.

Alles andere, was wir hatten, hast du genommen;
Alles andere, aber nicht dies, nicht dies. Der Gott des Himmels gehört
uns, gehört uns, und die Armen gehören ihm, gehören ihm. Ist er
unser? Ist Er Dein? Antworten! Denn beides kann Er nicht sein. Und
wenn Er unser ist – O ihr reichen Männer, wem, in Gottes Namen,
seid ihr dann?

WINTER

Halten Sie Ihre Hände an die Flamme;
Der Winter ist da, mit den kurzen, kalten Tagen, trostlos, scharf und
trostlos. Gab es jemals einen Tag mit Weißdorn auf dem Weg, an dem
du in der milden Mitte Mai mit deiner Liebe gewandert bist?

Das war, als du jung warst
und die Welt aus Gold war. Jetzt werden alle Lieder gesungen, alle
Geschichten erzählt. Du zitterst jetzt am Feuer, wo die letzten roten
Funken erlöschen; tot sind Freude und Verlangen: du bist alt.

Muscheln

Ich SAMMELTE Muscheln im Sand,
jede Muschel ein kleines, perfektes Ding, so zerbrechlich und doch
stark, um dem wilden Stoßen der Bergwellen standzuhalten. Kein
Schiff konnte es wagen, Stürmen trotzen zu trotzen. Die kleinen
Muscheln schweben leicht, bis auf alles, was sie an ihrer schönen Form
hätten verlieren können und weiche kristalline Farbe .

Doch inmitten der wilden Woge der Welt
bezweifle ich, ob meine Seele dem Streit standhalten kann, den Wellen
der Umstände, die dieses leichte Schiff auf den Felsen des Lebens
drängen. O Seele, sei mutig, denn wer die zerbrechliche Hülle in den
riesigen Wellen rettet, wird sie bringen Deine mickrige Rinde landet
sicher in der hohlen Hand.

Ich SAMMELTE Muscheln im Sand,

HOFFNUNG

Oh DROSSEL , ist das wahr?
Dein Lied erzählt von einer neu geborenen Welt, von goldenen Feldern
mit Butterblumen, Wäldern ganz blau mit Hyazinthenglocken; von
Primeln tief im Moos der Gasse, von einer schlafenden Prinzessin und
teurem Zauber, den es zu tun gilt. Wird die Sonne die Prinzessin
wecken? O Drossel, ist das wahr? Kommt der Frühling wieder?

Kommt der Frühling wieder?
Jetzt endlich, mit sanftem Glanz und Regen. Wird das Veilchen süß
sein, wo die toten Blätter gelegen haben? Wird der Winter vorbei sein?
Werden im Braun des Wäldchens
weiße Windblumen durchscheinen, wohin das letzte Eichenblatt fällt?
Kommen auch die Gänseblümchen, der Mai und der Flieder? Kommt
der Frühling wieder?
O Drossel, ist das wahr?

DIE RÜCKKEHR DES VERSCHWENDEREN

Ich REICHE dir meine Hand!
Bücken; Nimm meine Hand in deine; Führe mich dorthin, wo ich sein
möchte, göttlicher Vater. Ich weiß nicht einmal, welchen Weg ich
gehen möchte, den Weg, der zur Ruhe führt: Aber du , der du mich
kennst ,
führe dorthin, wo ich nicht sehen kann, du weißt es am besten .

Spielzeug, wertlos und doch begehrt,
trieb mich in die Ferne, um herumzustreifen. Vater, ich bin so müde;
Ich bin nach Hause gekommen. Die Liebe, die ich für so gering
gehalten habe, sehe ich, so lieb, so tief, so fast verstanden. Das Leben
ist so kalt und wild, ich bin dein kleines Kind – ich *werde* gut sein.

DIE FELCHERCHE

„. . . ein tropfender Notenregen aus dem sanfter
werdenden Blau. Es ist die Feldlerche, die gekommen ist."
– ROBERT À FIELD , im *New Age* .

„ ES ist die Lerche, die gekommen ist." Zum Schämen!
Robert-à-Cockney ist dein Name: Robert-à-Field würde es sicherlich
wissen. Dass Feldlerchen, segne sie, niemals gehen!

. . . . .

Liebe meines Lebens, bezeuge hier,
wie wir sie das ganze Jahr über gehört haben; wie das Lied der
Feldlerche festgelegt ist. Die Tage, die wir nie vergessen können. In
Rustington, erinnerst du dich? Wir hörten die Feldlerchen im
Dezember; im Januar über dem Schnee sangen sie an uns von
Hurstmonceux
Einmal in den heißesten Lüften des März hörten wir sie in der Nähe
des Marble Arch; ihr Aprillied begeisterte die Luft von Tonbridge ;
May fand sie überall singend. Und oh, in Sheppey , wie sich ihre
Melodie
im Juni auf den Bohnenblütenduft reimte. An einem unvergesslichen
Tag in Rye sangen sie im Juli ein Liebeslied. Im August sangen sie in
der Nähe von Lewes Town voller Freude „Zwischen dem Himmel und
unten; und im goldenen Zauber des Septembers hörten wir sie auf
Scaw Fell singen. Die Blätter im Oktober waren braun und düster, aber
Feldlerchen sangen am Teston Weir; und im November, in Mount's
Bay, sangen sie an unserem Hochzeitstag!

. . . . .

Mr.-à-Field, gehen Sie hinaus, gehen Sie hinaus,
gehen Sie nach Osten und Westen und nach Süden und Norden; Sie
werden immer den blühenden Stechginster finden, jede Stunde die
Stunde der Liebenden finden,
und, durch meinen Glauben an Liebe und Reim,
Die Feldlerche singt die ganze Zeit!

SAMSTAGSLIED

SIE reden über Rosengärten
und Mondlicht über dem Meer und Berge und Schnee und den Schein
des Sonnenuntergangs , aber ich weiß, was für mich am besten ist. Der
schönste Anblick, den ich kenne, der all deine Rosen und deinen
Schnee wert ist, ist der Lichtglanz an einem Samstag Nacht, wenn die
Schubkarren in einer Reihe aufgestellt sind.

Ich habe von Basaren in Indien gehört, die
voller Glitzer, Gewürze und Gerüche sind, aber sie sind nicht zu
vergleichen mit dem Naphthafackel und den Heringen, die der Händler
verkauft;
Und die Orangen stapelten sich wie Gold, die Gurken mager und kalt,
und die roten und weißen Schnittreste und die Erdbeeren frisch und
reif, und die Erbsen und Bohnen, und die Sprossen und das Grünzeug,
und die Taters und Traber und Kutteln.

Und die Geschäfte, in denen sie die Stühle,
die Mangeln, die Tische und das Bettzeug verkaufen, und die
Liebenden gehen paarweise vorbei und schauen – und denken an die
Hochzeit. Und dein Mädchen hat ihren Arm in deinem, und du
flüsterst und lässt sie erröten. Oh! das Knacken in ihren Augen – und
ihr Lächeln und ihre Seufzer, während sie sich den lila Plüsch vorstellt!

Und du hast keinen Penny zum Ausgeben,
aber du träumst davon, Pfund und Pfund zu haben; Und Arm in Arm
mit deinem einzigen Freund machst du deine Samstagsrunden: Und du
siehst die Wiege hell mit Band – Spitze – rosa und weiß; Und sie hört
auf zu lachen, und du lässt deine Spreu fallen im Licht der
Samstagnacht. Und die Welt ist neu
für sie und dich –
ein bisschen alles in Ordnung.

DER MEISTER

JUNG und ein Eroberer, einmal an einem Tag
ritt der wilde weiße Winter diesen Weg; mit seinem Schwert aus Eis
und seinem Banner aus Schnee besiegte er den Sommer und besiegte
ihn.

Der Winter war damals jung, jung und stark;
Jetzt ist er alt, er hat zu lange regiert. Er wird in die Flucht geschlagen,
er wird getötet werden; der Sommer wird wieder zu ihm kommen!

Sehen Sie, wie der Champion des Sommers kleine Armeen auf dem
Feld weckt
und bremst: „König Winter war grausam und kalt; Kämpfe für den
Sommer, kämpfe für die Königin!"

Zuerst punktiert der Aconitum die Form
mit kleinen runden Kanonenkugeln aus Gold. Dann marschieren
Regimenter von Krokussen aus, um bei der Winterflucht zu helfen.

Sehen Sie die Schwerter der Fahnenblätter leuchten;
Sehen Sie den Schild des Schöllkrauts und die grünen und scharfen
Narzissenlanzen. Um für den Sommer zu kämpfen, kämpfen Sie für
die Königin.

Silbern triumphierend schwingt das Schneeglöckchen
Banner, die besiegte Könige verspotten. Und wo auch immer das Grün
des neuen Grases hervorschaut, sehen Sie die Reihe siegreicher Speere.

Bald werden Narzissentrompeten
über dem Schlachtfeld des Gartens erklingen, und hübsche Damen
drängen sich heraus, um den langen Siegeszug zu sehen.

Kleine Gänseblümchen mit schneebedeckten Rüschen,
höfische Tulpen und süße Jonquillen, Primeln und Schlüsselblumen,
Freunde, die sich gut treffen, mit weißem Sauerklee und Veilchen.

Hunderte von Melkerinnen auf Feld und Hof;
Tausende von Butterblumen, mit Gold beleckt; sprießende Hecken,
Wälder und Bäume – der Frühling bringt ihnen Freiheit und Leben.

Dann wird der triumphale Frühling über die glückliche Landschaft
reiten
; Tief im Wald werden die Vögel singen: „Der König ist tot – es lebe
der König!"

Aber Spring ist kein König, sondern ein treuer Ritter;
Er wird durch die leuchtenden Wiesen reiten, bis er ihn zu Füßen des
Sommers erleuchten und ihr die Königskrone zu Füßen legen wird.

Sie wird sich niederbeugen, wo sich die Rosen winden,
zwischen dem silbernen Glanz der Maibäume, und in die Augen des
sterbenden Ritters schauen, der seine Armee anführte und ihren
Kampf gewann.

Sie wird sich zu seinen Lippen neigen und sagen:
„Oh, lebe, oh Liebe! O meine wahre Liebe, bleib!“ Während er lächelt
und seufzt, umarmt er sie und stirbt für den Sommer, stirbt für die
Königin.

Der Garten weigerte sich

ES gibt einen Garten, der zu unserer Freude geschaffen ist und
in dem all die Träume wahr werden, die wir nicht zu träumen wagen.
Ich weiß es, aber ich kenne den Weg nicht. Wir schlittern und taumeln
in der zweifelhaften Nacht, in der alles schwierig und neu ist und
Wolken, die unser Atem den Tag verdunkelt hat.

Die leeren, unglücklichen Städte, in denen kranke Männer kämpfen
und
immer noch Arbeit verrichten, die noch nie erledigt ist; Die Hymnen
an Gold, die ihre verzweifelte Stimme übertönen; Das Unkraut, das
dort wächst, wo einst Mais lebte, Die schwarze Ungerechtigkeit, die die
Sonne auslöscht: Das ist unser Anteil, denn sie sind unsere Wahl.

Doch dort weht der Garten mit Rose auf Rose.
Die sonnigen, schattengesprenkelten Rasenflächen sind da; Dort sind
die unsterblichen Lilien, himmlisch süß. O Rosen, die sich für uns nicht
öffnen! O Lilien, die wir nicht pflücken oder tragen sollen! O taufrische
Rasenflächen, die von unseren Füßen nicht betreten werden!

DIESE KLEINEN

„ WAS ist mit dem Garten, den ich geschenkt habe?"
Gott sagte zu mir: „Warst du eifrig dabei, das Leben von Blumen und
Bäumen zu pflegen und zu retten? Wie sind die Rosen gediehen, die
Lilien, die ich gegeben habe, die hübschen duftenden Wunder, die der
Frühling und der Sommer bringen werden?"

„Mein Garten ist schön und teuer",
sagte ich zu Gott; „Von Dornen und Brennnesseln habe ich ihn
freigehalten." Die Grasnarbe ist grün beschnitten. Die Rose ist rot und
leuchtend, die Lilie ein lebendiger Genuss; ich habe von all den
Blumen, die meine Stunden gesegnet haben, keine einzige Blume
verloren."

„Was ist mit dem Kind, das ich geschenkt habe?"
Gott sagte zu mir: „Ich bin gestorben, um den Kleinen zu retten, und
habe ihn dir anvertraut? Wie sind die Blumen gewachsen, die in seine
Seele gesät wurden, die schönen, lebendigen Wunder der Jugend und
Hoffnung, Freude und Wahrheit?"

„Das Gesicht des Kindes ist ganz weiß",
sagte ich zu Gott. „Es schreit in der Nacht vor Kälte und Hunger.
Seine kleinen Füße sind über das schlammige und kalte Pflaster
getreten. Es hat keine Blumen, die es halten könnte, und in seiner Seele
die Blumen, die du gesetzt hast." sind tot." „Du Narr!" Gott sagte.

DER DESPOT

DER Schimmel im Garten war feucht und kalt;
Der Winter hatte seinen brutalen Willen, denn das ganze Jahr über
waren seine verheerenden Legionen unterwegs.

Die leuchtenden Banner des Frühlings kamen: Es weckten
Millionen kleiner heranwachsender Menschen
, die sich freuten, den Winter vorüber zu wissen, sich bedankten und
der Sonne entgegenstrebten.

Nicht so die Auserwählten; zurückhaltend und langsam,
um einer fremden Sonne zu vertrauen und zu wachsen, sie zögerten,
kauerten und versteckten sich und warteten darauf, zu sehen, was
andere taten.

Doch selbst sie wuchsen ein wenig,
legten frische Blätter zum Tag und zum Tau und hoben formelle
Köpfe in ihre festgesetzten Gartenbeete.

Der Gärtner kam: Er liebte kalt
die Blumen, die so lebten, wie er es gebilligt hatte, die ordnungsgemäß
und anständig wuchsen, wie er, der Despot, es beabsichtigt hatte.

Er sah, wie die Wildlinge mutiger
und strahlender blühten als jeder kultivierte Sklave. Doch da er sie
nicht dorthin gesetzt hatte, hasste er sie, weil sie gerecht waren.

So entwurzelte er eines nach dem anderen
die freien Dinge, die die Sonne geliebt hatten, die glücklichen, eifrigen,
fruchtbaren Samen, die nicht gewusst hatten, dass es sich um Unkraut
handelte.

DER MAGISCHE RING

DEINE Berührung meiner Hand ist Feuer,
Deine Lippen auf meinen Lippen sind Blumen. Mein Liebling, mein
einziger Wunsch, liebe Krone meiner Tage und Stunden. liebe Krone
jeder Stunde und jedes Tages, seit jeher mein Leben begann. Ah!
verlass mich – ah! Geh weg – Wir zwei sind Frau und Mann.

In deinen Armen liegen und sehen, wie
die Sterne in der Sonne verschmelzen; bis kein Du und ich mehr ist, da
du und ich eins sind. Meine Seele an deinen Atem
verlieren , mein Herz deinem Leben offenbaren – es ist der Tod, es ist
der Tod, es ist der Tod! Ich bin nicht deine Frau.

Die Stunden werden kommen und gehen,
aber nie wieder eine solche Stunde, wenn die Gezeiten unsterblich
fließen und das Leben eine Flut ist, eine Blume. . .Warte auf den Ring;
Es ist stark, es hat einen Zauber der Macht, um alles, was großartig und
falsch war, schmutzig und richtig zu machen.

PHILOSOPHIE

DER mürrische Weise lässt sich kaum herab,
diese hübsche Welt aus Sonne, Gras und Blättern zu sehen. Für ihn ist
das alles eine Illusion – nur ist er real inmitten der Visionen, die er
wahrnimmt.

Ich bin kein Weiser, und doch
ist die Welt nach dem Ratschluss der Liebe auch für mich eine Maske
aus Schatten, und ich auch ein Schatten – denn für mich bist du das
einzig Wirkliche im Leben.

DER WIRBEL DER ZEIT

VOR deinen Füßen,
meine Liebe, meine Süße, siehe! Dein Sklave verneigt sich; und in
seinen Händen bringt er dir aus anderen Ländern eine andere Krone.

Denn in fernen Gefilden
war ich in früheren Zeiten auch königlich: Oh, ich war ein König,
meine Königin, die ein Sklave für dich ist!

MAGIE

WAS war der Zauber, den sie für mich gewirkt hat?
Das Leben war eine gemeinsame nützliche Sache, ein geeigneter
Bauplatz, um ein Haus zu halten, um mich zu beherbergen. Es gab
keine Wälder, die flüsterten; Keine unvorstellbaren Träume in der
Nacht, weil das Haus einen Flügel hatte, der mein Leben für mich
durcheinander brachte.

Ich war so sicher, bis sie kam.
Mit sternenklaren Geheimnissen in ihren Augen und auf ihren Lippen
das Wort der Macht. – Wie der Maimond kam sie, der Männer verrückt
macht, die weise geboren wurden – in ihrer Hand der einzige
Blumenmensch aller Zeiten aus dem Paradies gerissen; so kam sie zu
meinem halbfertigen Haus.

Sie verwandelte mein nützliches Stück Land
in einen wilden und schönen Garten, in dem Sterne in Girlanden wie
Blumen hingen: Ein mondbeschienenes, einsames, schönes Land.
Düstere Haine und schimmernde Brunnen umarmten dort eine
geheime Laube, und in seinem von Rosen umrankten Herzen waren
wir allein in diesem verzauberten Land.

Was war der Zauber, den ich für sie gewirkt habe, um
ihre verrückte, liebe Magie rückgängig zu machen? Die rote Rose stirbt,
die weiße Rose stirbt, der Garten spuckt mich mit ihr aus, auf der alten
Vorstadtstraße, die ich kannte. Mein Haus ist verschwunden und an
meiner Seite steht ein Fremder mit wütenden Augen und Lippen, die
schwören, dass ich sie ruiniert habe.

WINDFLUMEN

ALS ich klein und brav war,
ging ich durch den gesprenkelten Wald, wo hellweiße Windblumen
wuchsen und Hyazinthen schwer und blau waren.

Die Windblumen flatterten hell,
wie weiße und leuchtende Schmetterlinge; die Glockenblumen standen
zitternd tief im Herzen des Waldes.

Ich sammelte das Weiße und das Blaue,
das wilde, feuchte Waldland, mit Händen, die zu dumm und zu klein
waren, um sie alle zu ergreifen und zu tragen.

Einige fielen aus meinen Händen und starben
an der grasbewachsenen Seite der Heimatstraße; und diejenigen, die
meine zärtlichen Hände drückten, starben noch vor den anderen.

WIE ES IST

WENN du und ich
Flügel zum Fliegen hätten – große Flügel wie Möwenflügel – wie
würden wir uns über das Gebrüll lauter, unnötiger Dinge erheben!

Wir zwei würden
durch wechselnde Himmel in den blauen, wolkenlosen Raum
aufsteigen und der Sonne unbeirrt und furchtlos von Angesicht zu
Angesicht begegnen.

Aber Flügel kennen wir nicht;
Die Federn wachsen nicht, um uns so hoch zu tragen; Und tief in der
Düsternis eines kleinen Zimmers weinen wir und verabschieden uns.

VOR DEM WINTER

DER Wind weint in der Nacht,
wie ein verlorenes Kind; die Wellen brechen wunderbar und weiß und
wild. Die durchnässten Meermohnblumen sausen ohnmächtig entlang
der durchnässten Ufermauer, und es gibt ein Ende des Sommers und
der Lieder – ein Ende von allem.

Die Finger der gequälten Äste,
von der Explosion gepackt, halten die Fenster deines Hauses fest
geschlossen. Und das verlorene Kind der Liebe, der Verzweiflung,
weint in der Nacht und erinnert sich daran, wie diese Fenster einst
offen und hell waren.

Das Gewölbe
nach Sedgmoor

SIE müssen nicht im Gasthaus vorbeischauen;
Ich habe mein Bett bestellt: Feine Leinenlaken darin und ein
Bleiprüfgerät. Keine muffigen, muffigen Gerüche, wie sie in
Gasthausgemächern zu finden sind, sondern voller Inhalt und
behangen mit Schlaf.

Die Tür meines Gasthauses trägt kein Riegel.
Aufgerichtet gegen die Angst. Die Gäste sind weit gereist, sie sind froh,
hier zu sein. Wo sich der feuchte Bogen grau wölbt, lange, lange
werden wir liegen; die Männer des guten Königs sind sie alle, ein Mann
des Königs I .

kämpfte in seinem schlafenden Stein bei
Poictiers .
Piers Ralph und Roger behalten die Beute ihrer Kampfjahre. Ich werde
endlich bei meinem Volk in einem ruhigen Bett liegen; ich werde von
dem Schwert träumen, das fest in einem Kopf mit runder Kappe
gehalten wird.

Eine gute Geschichte von Männern, von denen mir alles erzählt wurde,
was mein Gasthaus bietet; und ihre Hände sollen Frieden halten, die
einst Schwerter hielten. Und wir, die wir auf vielen treuen Questen
ritten und rannten, werden das Ziel des Menschen finden – ein Bett
und Ruhe.

Wir werden dem Toast
der Liebe oder des Königs nicht standhalten. Wir sind allzu müde, uns
mit irgendetwas zu rühmen. Wir sind stumm, die gescherzt und
gesungen haben;
Wir ruhen, die gearbeitet und gekämpft haben. . .
Rufe einmal, rufe einmal nach dem König. Ruf einmal nach dem
Schwert!

AUFGEBEN

OH , die Nächte waren dunkel und kalt,
als meine Liebe verschwunden war. Und das Leben war schwer zu
halten, als meine Liebe verschwunden war. Ich war weise, ich habe nie
gegeben, was sie einem Mädchen beibringen, um zu retten, aber ich
wünschte mir selbst seinen Sklaven, als meine Liebe war weg.

Ich war nachts ganz allein
, als meine Liebe nach Hause kam. Oh, was dachte ich an falsch oder
richtig, als meine Liebe nach Hause kam? .

WERTE

HAST du mich getäuscht? Habe ich
einem Herz aus Staub ein Herz aus Feuer anvertraut? Was zählt? Denn
einst war die Welt schön, und du hast mir die Rose der Welt zum
Tragen gegeben.

Das war die Zeit zum Leben! Blumen,
Sonnenschein und Sternenglanz und magische Stunden, Sommer um
mich herum, der Himmel über mir, und alles schien unsterblich, sogar
die Liebe.

Nun, die sterbliche Rose deiner Liebe war
die Schmerzen des Todes und die Schmerzen der Geburt wert. Und die
Dornen könnten schärfer sein als der Tod – wer weiß? –
Diese Menschen scharen sich um den Stamm einer unsterblichen Rose.

IM VOLKSPARK

OFT habe ich dein Gesicht gefunden,
frisch wie ein Blumenstrauß im Mai, am Ende des Arbeitstages in
unserem alten Zuhause auf mich wartend.
Oft habe ich deine Hand auf dem schattigen Platz im Volkspark
gehalten und die dröhnende Reihe der Band gesegnet und dich dort im
Dunkeln geküsst.

Oftmals hast du es wahr versprochen,
es mit Küssen geschworen, es unter Tränen geschworen: „Ich werde
niemanden ohne dich heiraten – wenn wir jahrelang warten müssen.“
Und jetzt ist es ein anderer Kerl im Park
, der deine Hand hält Das habe ich immer getan. Und ich küsse ein
anderes Mädchen im Dunkeln und versuche mir vorzustellen, dass du
es bist!

HOCHZEITSTAG

DIE verzauberte Stunde,
die magische Laube, wo, mit Rosen gekrönt, die Liebe die Liebe
offenbart.

„Küss mich, mein Geliebter;
Das Zweifeln hat ein Ende, das Warten hat ein Ende; die Liebe
erleuchtet unsere Paarung!"

„Aber Rosen verwelken,
kühle Winde wehen hierher, eines sagen alle, Liebes: Liebe lebt einen
Tag, Liebes!"

„Haben Sie diese alten Geschichten beachtet?
Neue leuchtende Herrlichkeiten Lösche diese Lügen, Liebes! Schau mir
in die Augen, Liebes!

„Ah, aber die Welt weiß –
Nichts von der wahren Rose; Zurück rutscht die Welt, Liebes! Gib mir
•deine Lippen, Liebes!

Selbst wenn ihre Lügen wahr wären,
wäre es klug gewesen
, vor dem Tor der Liebe zu schwören, dass der Gott unsterblich ist."

DIE LETZTE NIEDERLAGE

ÜBER dem Feld des Tages
lag in einem plötzlichen Wappen der blasse Goldbarren, getragen auf dem Schild des Tages. Die Nacht hatte so lange gedauert, und nun wurde der Tag stark, mit einer Lichtlanze, um die Nacht in Schach zu halten.

So durchquerte in der trüben Nacht meines Lebens
die Pracht deines Lichts
den düsteren Schild und leuchtete golden hell. Deine Farben habe ich durch den ganzen Kampf verloren getragen, und diese, mit Leben, gebe ich heute Nacht, der Nacht nach.

MAIFEIERTAG

„ WIRST du a-maying, a-maying, a-maying gehen,
komm und sei meine Maikönigin und pflücke mit mir den
Mai ? Die Felder sind voller Gänseblümchenknospen und spielender
neuer Lämmer. Der Vogel ist im Nest, mein Lieber, die Blüte ist am
Baum."

„Wenn ich mit dir gehe, wenn ich singe,
um deine Königin zu sein und meine Krone an diesem hellen
Maifeiertag zu tragen, Hand in Hand wandernd, muss es nur Spielen
sein, und die Spielzeit endet bei Sonnenuntergang und dann gute Nacht
.

„Denn ich habe von Jungfrauen gehört, die lachten und jubelten, als
Königinnen ausgingen und ihre Kronen verloren und als Sklaven
zurückkamen. Ich werde kein Sklave eines jungen Mannes sein, der
sich unterwirft und gehorcht und Ketten trägt wie diese, sogar bis zu
ihren Gräbern. ”

„Wenn du a-maying, a-irre, a-playing kommst,
werden wir die kleinen Blumen pflücken, genug für dich und mich; und
wenn der Tag vorüber ist, beende unser eintägiges Spielen, gib einen
Kuss und nimm einen Kuss und geh frei nach Hause."

GRETNA GRÜN

LETZTE Nacht geküsst habe,
ist meine Seele in Flammen aufgegangen. Und oh! Wie ich dich
vermisst habe Den Rest der Nacht – bis die Liebe voller Spott den
Schlaf mit seinen Flügeln schlug und mir in der Vision Unmögliche
Dinge bescherte.

Eine Nacht, die bewölkt war,
Lange Fenster schliefen; Dunkle Alleen voller Geheimnisse, die es zu
bewahren galt. Eine Terrasse, ein Liebhaber, Ein Fuß auf der Treppe;
Das Warten war vorbei, Die Dame war da.

Was für ein Flug, was für eine Nacht!
Die Hufe platschten und hämmerten. Dunkelheit wurde im Licht
ohnmächtig und die ersten Vogelstimmen erklangen. Du schliefst auf
meiner Schulter, die schüchterne Nacht verbarg dein Gesicht; aber die
Morgendämmerung, kühner, kälter, sah unsere Umarmung.

Deine zinnoberroten Lippen,
Deine hinreißende Gestalt, Der auspeitschende Postillon, Das offene
Dorf, Das Rasseln und Donnern der Postchaise a-speed. . .
Meine Frau, mein Wunder, mein ultimatives Bedürfnis!

Wir zwei, die zur Paarung geeignet waren
, kamen endlich
mit der Hand umklammert dorthin, wo der Schmied darauf wartete,
uns fest zu fesseln. . .Bei der Berührung der Fessel zerbrach der Traum
und fiel –
und ich erwachte zu deinem Brief
, der mir Lebewohl sagte.

DAS EWIGE

DEINE so sehr ersehnte Anmut,
deine Hände, deine roten Lippen, das Wunder deines perfekten
Gesichts wird verblassen, wie vergossene süße Rosenblätter, wenn du
tot bist.

Dein schönes Haar
Staub im Staub wird liegen bleiben – Aber nicht das Licht, das ich dort
verehre, Das Gold, mit dem der Sonnenschein dich krönt – Das wird
nicht sterben.

Deine schönen Augen
werden mit Lehm verschlossen sein; aber der ganze Zauber, den sie
enthalten, die Hoffnungen, die Träume, die Ekstasen vergehen nicht.

Alles, was ich mir wünsche und sehe,
wird ein Aas-Ding sein; aber alles, was du für mich warst, ist und kann
nie aufhören zu sein. O Grab! Wo ist dein Sieg? Wo, Tod, dein Stachel?

DER STANDPUNKT: I.

ICH

ES gab nie Winter, nur Sommer: Rosen,
rosa und weiß und rot, die den warmen, reichen Garten herabstrahlen,
schließen sich; Ruhige Bäume und Rasen mit gesprenkeltem Schatten,
silberne Lilien, Flüstern von Reseda, ein goldenes Tuch aus
ausgebreiteten Butterblumen; gute goldene Sonne, die mich küsste, als
wir uns trafen, Schatten schwebender Wolken auf sonniger Wiese. Im
Heufeld, duftend, grau, das Leben und die Liebe liebend, lag ich; von
der frischen Luft geblasen, schlief ich ein; schlief und träumte dort. Der
Winter war der Traum.

II

Es gab nie Sommer, es war immer nur Winter;
Kälte und Eis und FrostNur, getrieben vom Eiswind, einsam, in einer
Welt voller Fremder, im Chaos der Pfützen und des boshaften Windes
und Graupels, geblendet von den spuckenden Hagelkörnern,
verlorenIn einer bitteren, unbekannten Straße fand ich eine Tür, hockte
dort, um Schutz zu finden, kauerte und kämpfte vergeblich um Atem,
verfluchte die Kälte und wünschte sich den Tod; kauerte dort,
sammelte irgendwie Wärme zum Schlafen; schlief und träumte dort.
Der Sommer war der Traum.

DER STANDPUNKT: II.

ICH

IM Wald der verlorenen Sache, im Tal der Tränen,
ersticken alte Hoffnungen wie tote Blätter den schwierigen Weg;
dunkle Schwingen falten sich feucht um die Seele, und sie hört: „Es ist
Nacht, es ist Nacht, es war nie Tag." ;Du hast vom Tag geträumt, von
der Rose der Freude; es waren immer tote Blätter und das Herz der
Nacht. Dann trink tief und ruhe dich aus, oh du dummer Wanderer,
denn die Nacht hält wie ein Kelch den Schlaf in ihren Händen ."

II

Dann trinkst du den dunklen Kelch aus, und halb betäubt liegst du
in den Armen der Verzweiflung, die als Freude maskiert ist. Du erregst
das Rauschen der weißen Flügel und du hörst: „Es ist Tag, es ist Tag,
es hat." Nie war es Nacht! Du hast von der Nacht und dem Wald
verlorener Blätter geträumt; Es war immer Mittag, Juni, und rote Rosen
in Garben, Öffne die blinden Lider und sieh den Lichtträger, Der wie
eine Monstranz die Sonne in sich hält Seine Hände."

MARIA VON MAGDALA

MARIA von Magdala kam zu Bett;
Es gab keine weichen Vorhänge um ihren Kopf; sie hatte keine Mutter,
die das kleine Baby, das sie zur Welt brachte, wert wäre .

Maria von Magdala stöhnte und betete:
„O Gott, ich fürchte mich sehr; denn aus meinem durch die Sünde
befleckten Körper hast du mir geboten , ein kleines Kind zu machen.“

„O Gott, ich habe mein Angesicht von Dir abgewandt,
dem zugewandt, was die Engel vielleicht nicht sehen. Wie kann ich aus
meiner tiefen Schande ein Kind machen, dessen Engel Dein Angesicht
sehen wird?

„O Gott, ich habe gesündigt, und ich weiß genau,
dass die Schmerzen, die ich trage, die Schmerzen der Hölle sind; aber
der Gedanke an das Kind, das die Sünde geschenkt hat, ist wie der
Gedanke an die Lüfte des Himmels.“

Maria von Magdala hielt den Atem an
im Griff des Schmerzes wie der Schmerz des Todes, und durch ihr
Herz ging wie das tödliche Messer der Schmerz der Freude und der
Schmerz des Lebens.

„Wir zwei sind zwei allein“, sagte sie,
„und wir sind zwei, die drei sein sollten. Wer wird nun mein Baby in
die kleinen Kleidungsstücke kleiden, die Babys tragen?“

Da kamen zwei Engel mit stillen Flügeln
und Händen voller Babysachen; und das neugeborene Kind wurde
gebadet und angezogen und wieder an die Brust seiner Mutter gelegt.

„Wer wird nun auf seiner Stirn das Zeichen setzen
, um ihn vor den Mächten der Dunkelheit zu schützen? Wer wird der
Pate meines Babys sein?“ „Ich, der Herrgott, der für dich gestorben
ist.“

„Wer wird ihn nun trösten, wenn er weint ?
Und wer wird ihn nach und nach säugen? Denn meine Hände sind kalt
und meine Brüste sind trocken, und ich denke, dass meine Zeit
gekommen ist zu sterben.“

„Ich werde deinen Sohn umschmeicheln wie eine Mutter;
Und seine Lippen werden dort liegen, wo die meines eigenen Sohnes

lagen. Komm, mein lieber Kleiner, komm zu mir; die Mutter Gottes
wird dich säugen."

Maria von Magdala lachte und seufzte;
„Ich habe nie ein Kind verdient", rief sie. „Lieber Gott, ich bin bereit,
in die Hölle zu fahren, denn mit meiner Kleinen ist alles in Ordnung."

Dann beugte sich der Sohn Marias über sie.
„Arme Mutter, deine Tränen haben dich reingewaschen. Deine letzten
Schmerzen werden bald vorüber sein, und meine Mutter wird dir
deinen Sohn zurückgeben."

Gefrorenes Gras als tragendes Bett,
ein Halo aus Frost um den Kopf einer Frau und fromme Leute, die
hinsahen und sagten: „Ein Trottel und seine Göre, die sind besser tot."

DIE HEIMKOMMEN

DAS war unser Haus. Hierher kamen wir,
erleuchtet von Liebe mit brennender Fackel, und in dieser Kammer,
die Tür fest verschlossen, hielt ich dich endlich an meinem Herzen.

Das war unser Haus. Darin wussten wir
das Schlimmste, was Zeit und Schicksal anrichten können. Du hast den
Raum leer gelassen, die Tür weit aufgerissen; du hast mich nicht mehr
geliebt .

Wo einst der freundliche, warme Vorhang hing,
wurde das gespenstische Tuch der Spinne geschleudert; der Käfer und
die Waldlaus kriechen, wo ich einst deinen schönen Schlaf liebte.

Doch so bleibt der verschwundene Zauber bestehen,
dass dieses, unser Haus, immer noch deins ist. Hier kann ich dich trotz
all dieser Jahre immer noch in meinem Herzen halten!

ALTER BIS JUGEND

DER SONNENAUFGANG ist in deinen Augen und in deinem Herzen.
Die Hoffnung und das helle Verlangen des Morgens und des Mai.
Meine Augen sind voller Schatten und mein Teil des Lebens ist gestern.

Doch reichen Sie meiner Hand Ihre Hand und lassen Sie uns sitzen
und sehen, wie sich Ihr Leben wie eine Schriftrolle entfaltet, reich an
beleuchteten Wappen, passend für Ihre armtragende Seele.

Meine Seele trägt auch Waffen, aber die Schriftrolle ist fest
zusammengerollt,
doch der eine Streifen verblasster Helligkeit, der gezeigt wird,
verkündet, dass, als es im Licht prächtig war, sein Wappen mit deinem
eigenen übereinstimmte.

IM ALTER

DER Wein des Lebens war rau und neu,
aber unglaublich süß, und Unrecht war falsch und Recht war wahr –
Die Rose war im Blatt.

guten Sonnenlicht kannten wir
die Farben von richtig und falsch; wir schliefen die lange, verzauberte
Nacht zwischen den Rosen.

Nun verflechten sich in unseren Augen, die von den Jahren getrübt
sind,
das Richtige mit dem Falschen. Wie können wir mit diesen müden
Ohren das alte, magische Lied hören?

Aber das wissen wir – Wein war einst rot,
Rosen waren rot und teuer; einst wurden uns die Wahrheiten vor
Augen geführt, die jetzt die jungen Männer hören!

WEISSE MAGIE

DIES ist der Raum, in den sie kam,
und der Frühling selbst kam mit ihr; sie entzündete das Feuer des
Lebens, sie rief alle Musik hierher. Ihr Blick blickte auf die mageren
weißen Wände, die sie mit prachtvollen Stoffen behängte , und
still die Rose sie fallengelassen erinnert sich an die Gnaden, die sie
begleiten.

Derselbe arme Raum, so langweilig und kahl
, bevor sie in der Weihe seiner gemeinsamen Luft die wahre Verklärung
einhauchte. . .?Dieser Raum ist derselbe, in den sie für eine unsterbliche
Minute gekommen ist? –
Wie kann er jemals derselbe sein, da sie einmal darin gewesen ist!

AUS DEM PORTUGIESEN

ICH

ALS ich im Dorf der Jugend lebte,
gab es Lilien in allen Obstgärten und Blumen in den Orangengärten,
die Bräute im Haar tragen konnten. Es war immer Sonnenschein und
Sommer, Rosen an jedem Gitter, Träume in den Augen der Mädchen,
Liebe in die Augen der Männer.

Als ich im Dorf der Jugend lebte,
standen die Türen, alle Türen, offen; wir gingen lachend hinein und
hinaus, lachten und riefen uns gegenseitig, um einander unsere
Verkleidungen zu zeigen, den neuen Schal, den neuen Kamm, den
neuen Fächer, Die neue Rose, der neue Liebhaber.

Jetzt lebe ich in der Stadt des Alters,
in der es keine Obstgärten und keine Gärten gibt. Auch hier stehen alle
Türen offen, aber niemand geht hinein oder hinaus. Wir sitzen allein
am Herdstein, wo Erinnerungen wie Asche auf einem kalten Herd
liegen ;

Und sie aus dem Dorf der Jugend
rennen lachend und rufend an unserer Haustür vorbei, um einander
den neuen Schal, den neuen Kamm, den neuen Fächer, die neue Rose,
den neuen Liebhaber zu zeigen.

Einst hatten wir all diese Dinge –
Wir haben sie den alten Leuten vorenthalten, und jetzt haben die
jungen Leute sie und werden sie uns nicht zeigen – uns, die wir alt sind
und nichts haben, außer der weißen, stillen, aufgehäuften Asche auf
dem Herd, wo die Das Feuer ist vor sehr langer Zeit ausgegangen.

II

Ich HATTE eine Geliebte; Ich habe sie geliebt.
Sie hat mich mit bitteren Erinnerungen zurückgelassen, die mein Herz
zerfressen und auffressen, während sich die Säure in den Stahl frisst
und das triumphale Porträt eingraviert. Unerträglich, unauslöschlich,
niemals auszulöschen.

Eine Frau gehörte mir ins Herz,
schöne Blume meines Gartens, Lilie, die ich tagsüber verehrte,
duftende Rose meiner Nächte. Jetzt weht der Nachtwind seufzend und
bläst nur weiße Rosenblätter über das Bett, wo sie schläft. Traumlos
allein.

Ich hatte einen Sohn; Ich liebte ihn.
Mutter Gottes, bezeuge, wie meine ganze Männlichkeit ihn liebte, wie
deine ganze Weiblichkeit deinen Sohn liebte! Als er zum Mann
herangewachsen war, kreuzigte er mein Herz, und selbst als es blutend
hing, lachte er mit seinen kühnen Gefährten, spottete und wandte sich
lachend in die Nacht ab.

Diese drei habe ich geliebt und verloren;
Aber es gab eine, die mich mit dem ganzen Feuer ihres Herzens liebte.
Meins war der heilige Altar,
wo sie ihr Leben für meine Anbetung verbrannte.
Sie war meine Sklavin, meine Dienerin; alles, was sie hatte, alles, was sie
war, alles, was sie leiden konnte, konnte sein. Das war die Liebe meines
Lebens, ich sagte nicht: „Sie liebt mich“; ich war so an sie gewöhnt
Liebe, ich habe nie nach ihrem Namen gefragt, bis ich den kalten Wind
spürte, als alle Türen offen standen, und als ich einen feuerlosen Herd
und den verlassenen und von Unkraut bewachsenen Garten sah, der
einst voller Blumen für mich war,
sagte ich: „Was hat sich geändert? Was hat
alle Uhren stehen lassen?“ Also fragte ich und sie antworteten: „Es ist
deine Mutter, die tot ist.“

Und jetzt bin ich allein.
Auch mein Sohn wird eines Tages hier stehen, wo ich stehe und weine.
Auch er wird weinen, zu spät wissend von der Liebe, die sein Leben
umgab. Lieber Gott, verschone ihn damit: Lass ihn nie erfahren, wie
ich ihn geliebt habe, denn er war es immer schwach. Er konnte es nicht
ertragen wie ich. Mutter, meine Liebe, bitte Gott, mir dies für meinen
Sohn zu gewähren!

DAS NEST

DAS war die Lerche, die wir
so hoch singen hörten, der kleine zitternde Vogel, den wir sahen, und
der Himmel. Die Erde war von der Sonne durchnässt, der Himmel war
von Gesang durchnässt; wir lagen im Gras und lauschten, lange und
lange und lange.

Ich sagte: „Was für ein Zauber es ist, der
sie aufstehen ließ, um ihre Welt der Glückseligkeit in dieser Welt des
Himmels auszugießen!" Du sagtest: „Was für ein Zauber muss
zwischen Himmel und Ebene vergehen, da sie in dieser Welt des
Grases ihr Nest findet." wieder!"

DIE ALTE MAGIE

GRAU ist das Meer und der Himmel ist grau;
Sie sind die Geister unseres blauen, strahlenden Gesterns. Und grau
sind die Brüste der Möwen, die schreien wie gequälte Seelen in einem
bösen Traum.

Es gibt Weiß auf den Flügeln des Meeres und des Himmels,
Und Weiß sind die Flügel der vorbeiziehenden Möwen, Und Weiß, wie
Schnee, ist das Leichentuch, das liegt, Wo die Liebe über seinen
Erinnerungen weint.

Denn die Toten sind tot, und ihr Leichentuch besteht
aus unbegründetem Guten und ungewolltem Unrecht; doch aus Gottes
guter Magie entspringt immer die Auferstehung heiliger Dinge.

Sehen Sie – das Gold und Blau unseres Gestern
in den Augen und den Haaren eines spielenden Kindes; und der
Zauber der Freude, den unsere Jugend betörte, ist im Lachen des
Kindes neu verwoben.

GLAUBE

Eine MAUER
, grau und hoch, und ein Himmel aus Grau, und eine Zwielichtkälte;
und das ist alles, was meine Augen sehen. Aber ich weiß, dass
unsichtbar, hinter der Mauer, auf einem grünen Rasen, weiße Blüten
fallen, im schwindenden Licht, und hinter dem Rasen Vorhänge
werden aus hellen Fenstern gezogen. Und in ihrem Inneren bewegt sie
sich mit ihren gnädigen Händen und dem Herzen, das liebt und
versteht, und wartet darauf, armen Seelen in Not
beizustehen und mit ihrem Segen die blutenden Herzen zu binden.

Ich weiß alles, obwohl ich es nicht sehen kann;
Aber der müde Landstreicher, schmutzig und krank, in der
Feuchtigkeit des Abends, in der klaren Kälte des Frühlings, weiß nicht,
dass es das Herz gibt, für jemanden wie mich und für jemanden wie ihn
zu sorgen. Er schlendert dahin und sieht allein das Grau des Himmels
und das Grau des Steins.

Herr, wenn meine Augen
in deiner ganzen Welt, die jetzt so grün ist, nichts als Grau sehen,
werde ich mich an diesen Frühlingstag erinnern und an das Haus des
Willkommens, das bekannt und doch unsichtbar ist; die Mauer, die
verbirgt, und den Glauben, der offenbart.

DER TOD DER AGNES

JETZT, wo das Sonnenlicht in meinen Augen erlischt
und das Mondlicht in meinen Haaren wächst, ich, der ich nie sehr
weise war, nie sehr schön war, Jungfrau und Märtyrerin mein ganzes
Leben lang, was hat mir das Leben noch zu geben – der ich nie Mutter
oder Frau war? Keine Lebenserlaubnis bekommen?

Nichts vom Leben könnte ich ergreifen oder beanspruchen,
nichts könnte stehlen oder retten. Wenn du also kommst, um meinen
Namen zu schnitzen, gib mir Leben in meinem Grab. Um mich warm
zu halten, wenn ich allein schlafe. Eine Lüge ist wenig zu geben; Nenn
mich „Magdalena". " auf meinem Stein, obwohl ich gestorben bin und
nicht gelebt habe.

IN SCHWIERIGKEITEN

ES IST alles umsonst: Ich habe ihn jetzt verloren.
Ich schätze, es musste so sein. Aber oh, ich habe das nie von ihm
gedacht, und er hat es auch nie von mir gedacht. Und das alles für
einen Kuss am Abend und ein Feld, auf dem das Gras lag. . .Und er ist
Gott weiß wohin gegangen, und ich kann in die Stadt gehen.

Das Schlimmste von allem war das, was er
in der Nacht, als er wegging, sagte: Er sagte, er hätte mich richtig
geheiratet, wenn ich nicht so schwul gewesen wäre. Ich – schwul! Als
ich geweint hatte und ihn gebeten hatte, es nicht zu tun, sagte er, er
liebte mich so sehr, und was auch immer er wollte, erschien mir richtig.
. . Und woher sollte ein Mädchen das wissen?

Nun, der Fluss ist tief, und ertrunkene Leute schlafen,
und es wäre vielleicht das Beste, das zu tun. Aber als er mich zu einem
Licht der Liebe machte, machte er mich auch zu einer Mutter. Ich hatte
genug Sünde für die Ewigkeit Meine Zeit, wenn es Sünde war, wie ich
sie verstanden habe, aber es ist keine Sünde, seinem Kind beizustehen
und dafür zu arbeiten, bis ich sterbe.

Aber oh! die langen Tage und die todlangen Nächte,
wenn ich fühle, wie es sich bewegt und dreht, und allein in meinem
Einzelbett weine und zähle, was ein Mädchen verdienen kann, um dem
Baby die Teile von Dingen zu kaufen , *die es* eigentlich hätte kaufen
sollen;
Und frage mich, ob er an Uns denkt. . . Und wenn er die ganze Nacht
schläft.

DANKBARKEIT

Ich FAND eine hungernde Katze auf der Straße:
Sie schrie nach Futter und einem Platz am Feuer. Ich trug sie nach
Hause und bemühte mich, den Ansprüchen ihres Verlangens gerecht
zu werden.

Und da sein Verlangen ein wenig Fisch,
ein wenig Heu und ein wenig Milch war, gab ich ihm Sahne in einer
silbernen Schüssel und einen mit Seide ausgelegten Korb.

Und als wir zu der dankbaren Pause kamen,
als es die Hand, die es fütterte, hätte umschmeicheln sollen,
verwandelte es sich in einen Teufel mit Zähnen und Klauen, kratzte
mich und biss mich und floh.

Den Fisch, die Milch und das Heu mit einem Schnurren zu bezahlen,
war eine leichte Aufgabe gewesen: Aber sein Hass und mein Blut
mussten für die Geschenke bezahlen, um die es nicht gebeten hatte.

ENDLICH

WO bist du – du, dessen liebevoller Atem
allein meine Seele vor dem Tod bewahren kann? Die Welt ist so weit,
ich suche sie durch, doch – darf ich träumen, dich zu gewinnen?
Vielleicht gehen deine lieben, ersehnten Füße an
mir vorbei auf dieser grauen, schlammigen Straße. Dein Vielleicht hat
das Gesicht seinen Schrein in dem tristen Haus neben meinem. Aber
ich glaube, o Leben, o Schicksal, dass ich, wenn ich den Tod anrufe
und einen Moment am sich öffnenden Tor warte, mich umdrehen
werde, um einen letzten Blick entlang der zertrampelten, schmutzige
Wege, und im Sonnenuntergang siehst du endlich, gerade wie das
vergitterte Tor mich festhält, dein Gesicht, dein Gesicht, zu spät.

FURCHT

WENN du hier wärst,
würden Hoffnungen, Träume, Ambitionen und Glaube verschwinden
und in deinen Augen ertrinken. und ich würde deine Hand berühren
und alles vergessen, was ich jetzt verstehe. Denn du verwirrst mein
Leben mit Erinnerungen an unerinnerbare Ekstasen, die waren und
nicht sind und niemals sein können; . . .Ah! Behalte die ganze Erde
zwischen dir und mir.

Der Tag des Gerichts

WENN das Tragen und Tun vorüber ist
und nichts mehr zu tun oder zu ertragen ist, wird Gott uns sehen und
uns richten, die Art von Menschen, die wir waren; und unsere Sünden,
so hässlich und schwer, werden wir sie in seine Augen zerren und
wegwerfen sie unten am Fuße des Throns, Foul auf den Stufen des
Lichts.

Wir werden uns nicht schämen oder fürchten,
obwohl die Engel alle bei uns sind, denn er wird auf unsere Last
schauen und er wird verstehen. Er wird sich an die kleinen Engel
wenden, um zu hören und zu gehorchen, und auf die schwelende
Sünde hinweisen. Lädt mit: „Bringt den Müll weg!"

Dann werden die Stufen von den Lasten befreit sein
, die wir zu seinen Füßen geworfen haben. Und wir werden in den
Tränen Christi gewaschen werden, und unsere Tränen werden seine
Füße benetzen. Und die Ernte all unserer Sünden. Die Schande dieses
Augenblicks wird ernten – wenn wir Schauen Sie in die Augen, die uns
lieben, und wissen Sie, dass wir sie zum Weinen gebracht haben.

EIN ABSCHIED

AUF WIEDERSEHEN , auf Wiedersehen; es ist nicht schwer, sich zu trennen!
Du hast mein Herz – das Herz, das springt, um zu hören, wie Dein Name durch ein Echo in einem Traum gerufen wird; Du hast meine Seele, die wie ein ungetrübter Strom deine Seele widerspiegelt, die so lieb und so nah ist – Dein Herzschlag gibt den Rhythmus für mein Herz vor.

Was könnte das Leben noch geben, wenn wir ihr die Erlaubnis zum Geben gäben und das Leben uns die Erlaubnis zum Nehmen gäbe? Nur die Arme des anderen, die Augen des anderen, die Lippen des anderen, die anhaftenden Geheimnisse, die nur wie die geschriebenen Worte sind, um Aufzeichnungen darüber zu machen, was das Herz und die Seele erreichen.

Dies, nur dies, meine Liebe, mein Freund, geben wir den unerbittlichen Augen und dem vernichtenden Atem des Schicksals nach. Wir gehören immer noch dir und mir, obwohl meine Arme durch den Diebstahl der Zeit leer und deine Arme beraubt sind. Es ist nicht schwer, sich zu trennen – nicht schwerer als der Tod; Und am Ende muss sich jeder von uns dem Tod stellen!

IM KRANKENHAUS

UNTER dem Schatten eines Weißdornstrauchs,
wo Glockenblumen den Himmel zum Wald hinabziehen, wo mitten in
braunen Blättern die Primeln erwachen und verborgene Veilchen nach
Einsamkeit duften; unter grünen Blättern, hell flatternd von den
Flügeln eines flüchtigen, schönen, unsterblichen Frühlings „Ich hätte
sagen sollen: „Ich liebe dich", und deine Augen hätten sagen sollen:
„Ich auch . " . . „ Die Götter sahen etwas anderes.

Denn dies ist Winter, und die Straßen Londons
sind voller Soldaten aus der Ferne, wilder Kampf, wo das Leben den
Tod kennt und wo der arme Ruhm voller Scham trifft und weint und
sich abwendet. Und in dem gebrochenen, zertretenen fremden Wald ist
Grauen, und der schreckliche Geruch von Blut, und die Liebe strahlt
zitternd wie ein ertrinkender Stern, unter dem Schatten der Flügel des
Krieges.

1916.

GEBET IN KRIEGSZEITEN

JETZT ist der Tod nahe, und zwar sehr nahe,
in diesem wilden Wirbel aus Schrecken und Angst, wenn um das Schiff
unseres Staates die großen Bergwellen des Hasses rollten. Gott! Wir
haben heute nur ein Gebet: O Vater, lehre uns, wie man betet.

Denn das Gebet ist stark und sehr stark;
Aber wir haben uns so lange von Dir abgewandt, um Göttern zu
folgen, die keine Macht haben, außer in der sicheren und schmutzigen
Stunde, in der wir den Weg zu Deinen Füßen verloren haben. . .O
Vater, lehre uns, wie man betet.

Wir haben Böses getan, und zwar sehr Böses.
Wir haben unseren Willen gegen Deinen Willen gestellt. Damit unser
weiches Leben satt wird, haben wir das tägliche Brot unserer Brüder
gestohlen. Herr, es tut uns leid, dass wir in die Irre gegangen sind – O
Vater, lehre uns wie man betet.

Jetzt, in dieser Stunde des verzweifelten Kampfes
um Englands Leben, sein Leben selbst, lehre uns zu beten, dass das
Leben ein neues Leben sei, schön für Dich, und dieses Leben in Deine
Hände lege. O Vater, lehre uns, wie man betet.

1915.

Beim Abschied

GEH , denn du musst, aber, Liebste, wisse
, dass die Ehre , die dich gehen lässt,
ein kostspieliges Denkmal erhalten wird , wenn dein Leben vergeudet
wird .

Dieses Herz, dieses Feuer und diese Rosen, die
unter der Magie deines Kusses liegen, werden sich in Marmor
verwandeln, wenn du stirbst, und dein unsterbliches Abbild sein.

1914.

AUFRUF

DER Geist der Dunkelheit, der Fürst der Macht der Luft,
der Schrecken, der bei Nacht wandelt, und der Schrecken bei Tag, die
Legionen des Bösen, wachsam und wach und aufmerksam, drängen
sich stündlich um ihn; und ich bete hier allein, weit weg.

Gott! Rufe Deine Legionen auf, um auf der Seite meiner Liebe zu
kämpfen.
Lass die Throne der Mächtigen vor ihm niederreißen, o Herr. Sende
starke Engelsflügel, um ihn von unten und von oben zu beschützen.
Lass den glorreichen Michael sein unversöhnliches Schwert ziehen .

Lass das ganze Heer des Himmels mit meinem Liebsten an seinem
Kampf teilnehmen,
damit die Armeen der Hölle wie Spreu im Windstoß zerstreut werden
und die Posaunen des Himmels laut blasen für den Triumph des
Rechts. Inspiriere ihn, beschütze ihn und führe ihn endlich als Sieger
nach Hause.

jetzt
nichts zurückzuhalten ! – Wenn das Leben meines Lebens für Deinen
großartigen Plan benötigt wird, gib seinem Land die Lorbeeren, auch
wenn seine Stirn kalt und ungekrönt sein mag. . . Du hast deinen Sohn
für die Welt gegeben , und soll *ich* meinen nicht geben?

1914.

ZU IHR: IN ZEITEN DES KRIEGES

EINST habe ich für euch Lieder gemacht,
Rondelle, Triolette, Sonette; Verse, die meine Liebe für gebührend
hielt, Verse, die eure Liebe gerecht fand. Jetzt hängen die breiten Flügel
des Krieges wie die eines Falken über England, beschatten Wiesen und
Haine; und die Vögel und die Liebenden sind stumm.

Doch bevor ich in die Schlacht ziehe, gibt es etwas zu sagen
: Nicht jetzt das Wort eines Dichters, sondern das Wort eines Mannes
an seinen Gefährten: Lieber, wenn ich niemals zurückkomme, sei es
dein Stolz, den wir einander gegeben haben, die Hoffnung unserer
Herzen, um des Willens willen der Hoffnung der Welt.

1915.

DIE FELDER VON FLANDERN

LETZTES Jahr waren die Felder alle fröhlich und fröhlich
mit silbernen Gänseblümchen und silbernem Mai; es gab goldene
Königsbecher am Flussufer und Primelsterne unter jeder Hecke.

Dieses Jahr sind die Felder zertrampelt und braun,
die Hecken sind zerbrochen und niedergeschlagen, und wo einst die
Primeln wuchsen, sind kleine schwarze Kreuze in einer Reihe
aufgestellt.

Und die Blume der Hoffnungen und die Blumen der Träume,
die edlen, fruchtbaren, schönen Pläne, der Baum des Lebens mit seinen
Früchten und Knospen, werden im Schlamm und im Blut zertreten.

Der Wechsel der Jahreszeiten wird den Zauber des Frühlings wieder
in unseren Wald und unsere Ebene bringen: Auch wenn der Frühling
so grün sein wird, wie noch nie zuvor gesehen wurde, werden die
Kreuze immer noch schwarz im Grün sein.

Der Gott der Schlachten wird den Feind richten,
der unser Land niedergetrampelt und niedergeschlagen hat. . .Gott!
Halten Sie unsere Hände am Tag der Abrechnung, damit wir nicht alles
zurückzahlen, was wir ihnen schulden.

1915.

FRÜHLING IN DER KRIEGSZEIT

JETZT LIEGT der bestreute Schwarzdornschnee
entlang der Straße der Liebenden, wohin wir letztes Jahr gegangen sind
– wohin wir nie wieder gehen werden.

In der Hecke sind die Knospen neu.
An unserem Wald spähen die Veilchen hervor – Genau wie die
Veilchen vom letzten Jahr auch, Aber dieses Jahr haben sie keinen
Duft.

Jeder Vogel hat das Herz, von seinem Nest zu singen
, das von seiner Brust gewärmt wird. Letzten Frühling hatten wir das
Herz, zu singen, aber wir haben unser Nest nie gebaut.

Jetzt werden rote Rosen geblasen,
die den ganzen Garten fröhlich machen werden. . .Noch sind die
Gänseblümchen nicht auf deinem Lehm gewachsen.

1916.

DAS GEBET DER MUTTER

DIES war mein kleiner Sohn
, der auf meinem Knie hüpfte und lachte: „Körper, den wir mit Liebe
geschaffen haben, Seele, geschaffen mit Liebe von Dir." Dies war das
Geheimnis, in dem ich Deine Gnade verehrte; dies war das Zeichen für
mich – die Enthüllung Deines Antlitzes. . .Dies, das unter Deinem
Himmel liegt, nackt wie an jenem Tag, als der Boden des Himmels
nachgab und die Herrlichkeit Gottes durchscheinte, als die Welt neu
gemacht wurde und Dein Wort für mich Fleisch wurde. . . Er liegt da,
nackt zu Deinem Himmel, o Herr, Gott, sieh!

Körper, der in meinem war
, ein geheimer, heiliger Zauber, kleine Hände, die ich geküsst habe,
zertrampelt von Bestien in der Hölle. . .Wachsende Schönheit und
Anmut. . . Oh, Kopf, der an meiner Brust lag. . .Gebrochen,
ramponiert, zerschmettert. . . Körper, der wie eine Blüte wuchs! Alles,
was mir am königlichen Tag meines Lebens versprochen wurde. Jedes
Versprechen gebrochen – nur ein Geist und Lehm!

O Gott, ich knie zu Deinen Füßen nieder;
Ich lege meine Hände in deine: Du hast deinen Sohn für die Welt
gegeben , und soll *ich* meinen nicht geben?
Nur – O Gott, habe Mitleid! Alle meine Abwehrkräfte sind
niedergeschlagen:
Gott, ich nehme das Kreuz an, lass *ihm* die Krone!

Bei allem, was meine Liebe ertragen hat,
bei allem, was alle Mütter ertragen, bei der unendlichen geduldigen
Angst,
bei dem nie aufhörenden Gebet,
bei den Gedanken, die wie ein lebendiges Messer schneiden, bei den
Tränen, die niemals trocknen, nimm, was er gestorben ist um Dich zu
gewinnen – Gott, nimm Deinen Sieg!

Wir haben zugeschaut, bis das Licht erloschen war,
und die Morgendämmerung erwachen sehen; wir haben kaum gelebt
und es ging uns um unserer Söhne willen nicht gut. Alles, was auf
deiner Erde gut war, alles, was uns vom Himmel lehrte, alles, was wir in
der Welt hatten Welt, die Wir gegeben haben. Wir beten mit leeren
Händen und Herzen, die vor Schmerz steif sind. O Gott! Oh Gott! Oh
Gott! Lass das Opfer nicht umsonst sein. Dies ist sein Blut, Herr, sieh!
Sein Blut, das für Dich vergossen wurde; Dein Banner ist in dieser
roten Flut gefärbt. Herr, nimm Deinen Sieg!

Gott! Gib deinen Engeln die Kraft
, zu kämpfen, wie er kämpfte, um die Heerscharen des Bösen zu
zerstreuen und ihre Prahlereien zunichte zu machen – Gabriel mit der
Trompete der Schlacht. . . Michael, der dein Schwert schwingt. . .Atme
deinen Geist auf sie ein, zeige deine Kraft, o Herr. Siehe, Herr, dies ist
sein Körper, gebrochen für dich, für dich. . .Mein Sohn, mein kleiner
Sohn, der auf meinem Knie sprang und lachte.

„Insofern ihr es nicht getan habt . . . ”

WENN Jesus
heute nach London käme, würde er nicht ins West End gehen, sondern
zu uns kommen. Er würde mit den Kindern reden, die zur Orgel
draußen auf der Straße tanzen, und sagen, er sei ihr Sohn Großer
Bruder, und gib ihnen etwas zu essen.

Er würde nicht in die Villen gehen,
in denen die Wohltätigkeitsorganisationen leben; Er würde in die
Mietshäuser kommen, in denen wir nichts zu geben haben.
Er kam so freundlich und so heimelig und verwöhnte uns mit Bier und
Brot und sagte uns, wie wir uns verhalten sollten; Und wir würden
versuchen, darauf zu achten, was Er sagte.

In den warmen, hellen Kirchen im West End
singen und predigen und beten sie, sie nennen uns „geliebte Brüder“,
aber sie verhalten sich nicht so. Und wenn er an die Kirchentür kam,
rief er laut und frei: „Haltet an.“ dass du predigst und betest und zeigst,
was du für mich getan hast.“

Dann würden sie sagen: „O Herr, wir haben
den Armen sowohl Decken als auch Traktate gegeben, und wir haben
versucht, sie nüchtern zu machen, und wir haben versucht, sie Fakten
zu lehren. Aber sie werden sich zum Trinken herumschleichen-“
einkaufen und die Decken gegen Bier verpfänden, und wir finden sie
sehr undankbar, aber wir halten trotzdem durch.“

Dann sagte er: „
Als ich zuvor hier war, habe ich euch gesagt, dass ihr alle Brüder seid,
ihr alle, für die ich gelitten habe. Ich werde nicht in eure Kirchen
gehen, ich werde draußen in der Sonne stehen bleiben.“
Du bringst die Männer heraus, deine Brüder,
die Männer, für die ich gestorben bin!“

Aus unseren tierischen Unterkünften,
aus den Torbögen und Türen überall, mussten sie tun, was er ihnen
sagte, sie mussten uns rufen. Millionen und Abermillionen, dick und
kriechend wie Fliegen, wir sollten hinauskriechen Sonnenschein und
fürchte dich nicht vor seinen Augen.

Er würde sehen, wie das Bild Gottes aussieht,
wenn Männer mit dem Gleichen zu tun haben, zerknittert von Arbeit,
die nie getan wird, geschwollen und schmutzig vor Scham. Er würde
auf der Stirn der Kinder das eingebrannte Dachrinnenzeichen sehen,

das die Mädchen als Huren kennzeichnet , Das verdammt die Jungs
dazu, Schweine zu sein.

Dann würde Er sagen: „Was nützen Kirchen,
wenn diese keinen Ort zum Schlafen haben? Und wie kann ich dich
beten hören, wenn sie so tief fluchen? Ich habe mein Blut und meinen
Körper gegeben, damit sie Brot und Wein haben, und du." habt euren
und ihren Anteil an diesen meinen guten Gaben genommen!"

Dann würde es einigen der Reichen leid tun,
und alle würden große Angst haben, und sie würden sagen: „Aber wir
haben es nie gewusst, Herr!" Und Er würde sagen: „Es hat dich nie
interessiert!" Und einige würden krank und beschämt sein, weil sie
wüssten, dass sie es wussten, und die Besten würden sagen: „Wir haben
uns geirrt, Herr." Sagen Sie uns jetzt, was wir tun sollen!"

Ich denke, er würde wahrscheinlich sitzen und
ihm einen Stuhl bringen,
mit einem gewöhnlichen Kind auf seinen Knien und der gewöhnlichen
Sonne auf seinen Haaren; und sie würden vor ihm stehen und er würde
sagen „Du weißt, dass du es wusstest.
Warum hast du nicht genauso für deine Brüder gearbeitet
wie ich für dich?

„Denn da ihr alle Brüder seid,
ist es klar wie Gottes gesegnete Sonne, dass jeder für den anderen
arbeiten muss, nicht Tausende für einen. Und diejenigen, die völlig
untätig gelebt haben, wenn sie wollen, dass ich sie beten höre, lasst sie
gehen und für ihren Lebensunterhalt arbeiten Der einzig ehrliche Weg!

„Ich habe dir nichts Neues zu sagen,
du weißt, was ich immer gesagt habe – aber du hast ihre Knochen zu
Kirchen gebaut und ihren Wein und ihr Brot gestohlen; du mit meinem
Namen auf deiner Stirn, Lügner und Verräter und Schurke, Du hast
vom Tod deiner Brüder gelebt, für deren Rettung ich gestorben bin!"

Ich wünschte, er würde kommen und es sagen;
Vielleicht würden sie es dann glauben und wie Männer für ihren
Lebensunterhalt arbeiten und uns wie Männer arbeiten lassen. Brüder?
Sie glauben es nicht, die Lüge auf ihren Lippen ist rot. Sie werden nie
glauben, bis er wiederkommt oder bis wir von den Toten auferstehen!